HAZTE RICO CON INVERSIONES DIGITALES EXOTICAS.

Guía práctica y clara sobre inversiones en dominios de internet, bitcoin, ethereum, z-cash y otras.

ALEJO RYB

ONE LIFE EDITORES. 85. PAGINAS

2017.

"*Muévete rápido y rompe objetos. Si no estás rompiendo objetos, es que no te estás moviendo lo suficientemente rápido*" – Mark Zuckerberg. Fundador de Facebook.

"*Incluso el inversionista inteligente es probable que necesite de considerable fuerza de voluntad para no seguir a la multitud*" Benjamin Graham. El inversor inteligente.

I- INTRODUCCION.

Aquí tienes un libro sobre Inversiones digitales exóticas.

Te introducirá a un sub-mundo que, posiblemente, te sacará de la zona de confort. Saldrás de lo que conoces y del tipo de conocimientos convencionales que se enseñan en las universidades y en las escuelas de negocios.

Eso quizá te va provocar cierta desconfianza, al salir del terreno conocido e ingresar a pasadizos infrecuentes. La buena noticia es que, por eso mismo, muy poca gente tiene este valor diferencial: conocer sobre este sub-mundo y animarse a introducirse.

"¿Cuál es la frase que resume como cambiar el mundo? ¡Siempre trabaja en algo descomfortablemente excitante!" Larry Page, co-fundador de Google

Diferenciarte de la manada es lo importante. A la mayoría de la gente todo esto de los activos digitales nuevos le parece raro, complejo y, entonces, escapan. Se refugian en la tranquilidad de lo conocido y palpable. Eso es una buena noticia. Según Steve Jobs, una de las reglas fundamentales del éxito es *"Ser diferente"*. *Dice Jobs " Piensa diferente. Somos muchos millones de personas en este mundo, marca la diferencia"*. Por eso, ante esta primera de rechazo y desconfianza que estos temas te generarán, date una oportunidad de seguir adelante e interesarte en conocerlos.

La desconfianza igual es sana. Como será explicado detalladamente en este libro, hay muchas trampas en este sub-mundo de las inversiones digitales exóticas y altamente riesgosas. Entrar a estos terrenos puede hacerte rico y permitirte alcanzar la libertad financiera muy rápidamente –te lo demostraré con muchos ejemplos- y con solo algunos dólares de capital inicial. Pero entrar a este mundo sin precauciones puede exponerte a las numerosas estafas.

Por ello, si el tema te interesa (¡en hora buena!) no dejes de leer todo este libro para poder tomar las precauciones que ayudarán a evitar que los pícaros te roben.

Aquí tienes un libro escrito como si no supieras nada del tema de estos bienes digitales en los que puedes invertir sin ayuda de nadie y desde la computadora de tu casa. Está escrito en un idioma sencillo y fácil de comprender.

Todo te será explicado para que lo puedas realizar, aún sin tener conocimientos previos.

Pero atención: no es un libro sobre inversiones convencionales, sino sobre activos altamente volátiles y exóticos que suelen estar afuera del radar de los inversores conservadores.

Puedes hacerte rico muy rápidamente gracias a estas inversiones exóticas. Mucha gente lo ha logrado.

No puedes dejar de tener en cuenta que las Inversiones han sido, muchas veces, en efecto, el camino a la riqueza en la historia de muchísimos hombres millonarios.

El ejemplo más saliente es quizá Getty (magnate del petróleo, el hombre más rico del mundo en su época) quien se caracterizo por el riesgo extremo que le gustaba tomar a sus inversiones.

El magnate cuenta que, al momento de decidir estas inversiones riesgosas, muchos lo quisieron desalentar, pero no escuchó a los pesimistas y decidió seguir su intuición. Gracias a eso - a no ser conformista y a disfrutar el riesgo-, logró convertirse en el hombre más rico del mundo.

Sin embargo, Getty no era de clase media ni pobre. Para poder decidir estas sumamente riesgosas apuestas que lo hicieron billonario, contó con un importante capital heredado. En la época de Getty las inversiones altamente riesgosas no estaban al alcance de toda la población, sino que requerían un gran capital inicial.

En el Siglo XXI esta última circunstancia ha comenzado a cambiar. Estamos en una revolución permanente.

Los cambios tecnológicos introducen cambios sociales y económicos tan vertiginosos y bruscos que cualquier persona, aún sin capital grande, pueden hacer las apuestas indicadas que le permitan alcanzar la libertad financiera.

Si antes lo importante era el capital, hoy, en cambio, lo importante es el conocimiento.

La diferencia antes la podían hacer quienes, por tener capital, visión y ser arriesgados, podían destacarse del rebaño y hacer una importante diferencia.

Hoy, en cambio, no es imprescindible el capital, pero hay otro factor diferencial: el conocimiento.

Estamos en la era del conocimiento.

Pero no se trata de cualquier conocimiento. No se trata de lo que te enseñan en el sistema formal, preparado para formar hombres y mujeres listos para salir a la sociedad industrial del siglo XX. La mayoría de los conocimientos que desparrama el sistema de educación formal son obsoletos.

Para que un determinado conocimiento entre en el sistema de educación formal debe pasar por determinadas instancias políticas y grupos de decisión. Este filtro hace que los conocimientos viejos lleguen a ser enseñados y los nuevos tarden en formalizarse. Mientras tanto, la época cambia y los conocimientos relevantes no te los enseñan en la universidad ni en la escuela.

La decisión de no ser estructurado y escapar del rebaño y de los caminos tradicionales exige también acercarte a los conocimientos exóticos, que no están siendo enseñados hoy en las escuelas ni en las universidades.

Aquí tienes un libro sobre ese tipo de conocimientos exóticos.

¿Estás realmente preparado para ingresar en este mundo?

¿Te animas a salir de la zona de confort y permitirte aprender cosas que no son tenidas en cuenta por la inmensa mayoría de la gente, ni siquiera por los inversores profesionales? ¿O, en cambio, te es más cómoda la seriedad conservadora de decir "yo juego en la bolsa" o –peor- "yo tengo un plazo fijo"?

El conocimiento relevante está vinculado, sobre todo, a los cambios que se están produciendo en el mundo de la tecnología.

La tecnología está cambiando el mundo demasiado rápido y, como decía Alvin Toffler en el *"Shock del Futuro"*, la mayoría de la gente sufre un *"Shock"* que no le permite adaptarse al nuevo tiempo. La inmensa mayoría no desarrolla la capacidad de adaptarse a esos cambios con agilidad.

Más aún: los inversores profesionales, en general, corren con desventaja.

El mercado laboral funciona con estos parámetros conservadores y las grandes empresas de inversión también. Para poder tener poder decisión dentro de grandes fondos de inversión, debes primero tener muchos títulos emitidos por universidades que te acrediten como una persona "formalmente capacitada". Por supuesto, en esas universidades no enseñan nada realmente conectado a los nuevos cambios. De esta manera, la inmensa mayoría de los inversores profesionales corren con desventaja y no tienen ni la capacidad intelectual ni el carácter –salir de la zona de confort- para entrar en el submundo de los conocimientos exóticos y por eso las "inversiones digitales exóticas" se caracterizan por estar en un más allá que las coloca afuera del radar de la mayoría de los grandes inversores. Un día el futuro llegará –más pronto de lo que parece- y los grandes pesos pesados de la inversión entrarán, pero entonces ya será tarde para hacer una buena diferencia.

Podemos pensar en empresas como Blockbuster, la cadena más grande de servicios de alquiler de videojuegos y películas con sede en Estados Unidos. A resultas de los cambios tecnológicos –internet-, apareció la suscripción de videos por internet, siendo más eficiente que ir a alquilar películas a un video-club. Blockbuster perdió ingresos importantes y se declaró en bancarrota el 23 de septiembre de 2010, sin poder competir con el alquiler en línea de compañías como Netflix o Redbox.

Es un ejemplo de cómo los cambios vertiginosos significan oportunidades para unos y amenazas para otros.

No solamente empresas, sino también empleos se quedan obsoletos, ante el avance de la tecnología. Mucha gente, preparada con conocimientos vetustos de la sociedad industrial, no puede adaptarse al siglo XXI, cuando, aquello que saben hacer, pierde valor y puede ser reemplazado por las máquinas.

De la misma manera, hay otras profesiones nuevas –para las que aún no hay suficiente preparación formal- surgen al amparo de estos cambios tecnológicos.

Estoy convencido que *"Inversor Free-Lance en Activos Exóticos"* es una de estas profesiones nuevas.

Quienes tienen el suficiente talento y realizan el suficiente esfuerzo en capacitación, podrán vivir de esto con independencia financiera, y quizá podrán vivir mucho mejor que los que aún se quedaron en la obsoleta sociedad industrial e intentan hacer valer en el mercado lo que aprendieron en la universidad. Pero...¿Qué pasa? Lo que aprendieron en el sistema formal, no los diferencia del resto.

Si antes un "Inversor Free Lance" debía tener un capital inicial, hoy los tiempos han cambiado y debe tener en cambio otra cosa distinta: conocimiento y actitud para salir de la manada e interesarse por lo exótico.

Lo esencial es tener la capacidad de adaptarse con agilidad a los cambios en una época. La inmensa mayoría, por falta de decisión para salir de la zona de confort, no lo harán.

En este libro vas a aprender este conocimiento.

Estará todo explicado de manera sencilla para que los puedas entender aún sin nunca haber escuchado sobre este sub-mundo de activos digitales extremadamente volátiles. Sobre todas las cosas, aprenderás las precauciones fundamentales que tendrás que tomar para no caer víctima de estafas, robos o fraudes.

En los medios tuvo mucha difusión reciente el tema de la moneda digital bitcoin.

Por ejemplo, es un hecho comprobado –y publicado en varios medios de comunicación- que los que invirtieron usd 100 (cien dólares) en bitcoin en el año 2010, hoy tienen 3.5 millones de dólares.

Solamente con entrar a internet en el año 2010 e invertir 100 dólares, hoy tendrías 3.5 millones de dólares. Esa suma te podría garantizar la libertad financiera y no temer más por trabajos estables y por jefes maltratadores.

En este libro aprenderás una guía básica sobre el Bitcoin y, sobre todo, las precauciones que deberás tomar para evitar fraudes y robos dentro del submundo de esta revolucionaria moneda digital.

No obstante, ¿Acaso crees que Bitcoin es el único ejemplo? ¿Crees que el tren ya pasó?

Veamos algo. En el año 2016 un hacker atacó un fondo de inversiones (llamado EL DAO) construido sobre la base de los contratos inteligentes de la moneda digital *Ethereum* (una moneda digital nueva, posterior a bitcoin). Mediante una vulnerabilidad en el contrato inteligente (el cual es un software), el hacker consiguió estar en una posición donde, si se cumplía el contrato, él iba a cobrar más de 100 millones de dólares. A raíz del ataque pirata, se produjo una discusión dentro de la comunidad de usuarios de la moneda digital ETHEREUM. Algunos quisieron hacer un movimiento para que no se cumpla el contrato inteligente y el hacker no se pueda llevar el dinero, pero otros quisieron mantener el espíritu original de la moneda ETHEREUM y dejar que el software se ejecute y, quien encontró la vulnerabilidad, se lleve el dinero. Esto dio por resultado que ETHEREUM se partió en dos, y aparecieron dos monedas digitales: ETHEREUM y ETHEREUM CLASSIC. La mayoría de la comunidad se plegó a la idea de combatir el hacker, y solo un grupito de rebeldes hicieron ETHEREUM CLASSIC, en un clima de debates muy pasionales sobre el tema. Así fue como en el segundo cuatrimestre del año 2016, la moneda nueva, ETHEREUM CLASSIC, salió a cotizar a los mercados de criptomonedas. El precio de la cotización durante los primeros días rondó los USD 0.1 (diez centavos de dólar). Cualquier persona podría haber entrado a las casas de cambio digitales (Acá se explicará todo detalladamente) y haber invertido en ETHEREUM CLASSIC, abreviada ETC. Pero las cosas cambiaron rápidamente. A los tres días llegó a valer 1.5 dólares (subió 15 veces en unos días) y en Abril del año 2017 (o sea unos meses después), llegó a valer 17 dólares cada ETC. Por lo tanto, si colocabas 500 dólares en ETC cuando salió al mercado en el año 2016, ya en Abril del año 2017, unos meses después, podrías haber vendido esas monedas digitales por 85000 (ochenta y cinco mil dólares).

Más adelante explicaré bien esto en más detalle y, sobre todo, el paso a paso, para concretar estas apuestas. Por ahora este ejemplo sirve para demostrar que es falsa la sensación de "ya pasó el tren" que tienen los lectores de los medios masivos cuando conocen la noticia de que, quien colocaba 1000 dólares en bitcoin en el año 2010, hoy tendría más de 30 millones de dólares.

El tren no pasó. Hay muchísimos trenes más que están por salir. Se trata de capacitarse, tener la preparación para saberlos reconocer y la valentía para subirte a ellos.

De ahí mi tesis: 500 dólares es una inversión que la puede hacer un asalariado y, por lo tanto, para ser un *Inversor Free Lance* en nuestros días no se necesita haber heredado una fortuna, sino capacitarse y tener los conocimientos indicados.

Durante todo el libro te introduciré a todas estas inversiones exóticas, aprenderás todo lo que necesitas para comprender el por qué de su valor y sus fundamentos, aprenderás también el know how para concretar estas inversiones desde la computadora de tu casa y sin la ayuda de nadie y podrá ser el inicio de tu capacitación como

Inversor Free Lance que, si te esfuerzas lo suficiente, te puede llegar a dar la libertad financiera y muy rápidamente.

¿Quieres entonces ingresar al mundo de las inversiones digitales exóticas y altamente riesgosas? Da vuela la página.

II- CONCEPTOS GENERALES SOBRE INVERSIONES DE ALTO RIESGO.

"Cuando era muy pequeño, quizá 12 años, comencé a hacer inversiones" Carlos Slim, empresario mexicano.

-IIA- INVERTIR NO ES AHORRAR. INVERTIR ES TOMAR RIESGO.

Es importante advertir que *"Invertir no es ahorrar",* sino que invertir es esperar una ganancia del capital invertido y asumir un riesgo.

"Hoy día, las personas guardan dinero suficiente para sentirse cómodas. No deberían. Han optado por un terrible activo a largo plazo, uno que virtualmente no paga nada y es seguro que pierda su valor" Warren Buffet, inversor norteamericano.

Debido a que la inmensa mayoría de la gente siente aversión natural al riesgo, quien está dispuesto a tomar riesgos realiza un esfuerzo que le justifica la retribución inmensa que puede darle el mercado si apuntó a la dirección indicada.

Una persona común tiene inmensa aversión al riesgo y a lo desconocido. Por lo tanto, el mundo de las inversiones de riesgo está afuera del alcance de la gran multitud de las personas. Quien da un paso más allá y quiere asumir riesgos se diferencia muchísimo y estas personas son muy necesarias para el mercado, porque son visionarios cuyo capital es lo que permite justificar la innovación y permitir el desarrollo de la economía.

Por lo tanto, tenemos que el miedo al riesgo es común a la mayoría de la gente y, por eso, no está al alcance de todos la posibilidad de alcanzar la libertad financiera.

-IIB- LA INVERSION RIESGOSA DEBE SER EXOTICA.

La codicia de las masas a veces desata fiebres eufóricas por algunos activos que se ponen de moda y que son altamente riesgosos.

Vemos grandes muchedumbres que los van a comprar con la esperanza de multiplicar varias veces su inversión. En estos casos, cuando las grandes masas están eufóricas y codiciosas, no aporta ningún diferencial el tomar riesgo comprando el activo de moda –ya que todos lo hacen-. En un escenario de estas características el activo está con su precio inflado por el optimismo general del mercado y por la euforia: si se acierta la apuesta la ganancia será pequeña, si se erra la apuesta la pérdida será igual o más grande aún.

Por lo tanto, la inversión de riesgo debe cumplir con otro requisito: ser exótica. Si, en cambio, es frecuente y es masiva porque hay una euforia de la muchedumbre, entonces ya no será exótica y debe descartarse.

Ninguna oportunidad aparece en la tapa del diario. Si está en la etapa del diario, seguramente ya no es una oportunidad y el inversor debe estudiar otros activos digitales que estén afuera del radar de las grandes masas codiciosas y eufóricas.

-IIC- LAS INVERSIONES RIESGOSAS SON LAS QUE MAYOR RETORNO DAN. ES NECESARIO TOMAR RIESGOS.

"El riesgo más grande es no tomar ninguno. En un mundo que está cambiando tan rápido, la única estrategia que está garantizada a fracasar es no tomar riesgos" Mark Zuckerberg, Fundador de Facebook.

"Si no te gusta tomar riesgos, deberías salir corriendo del negocio." Ray Kroc, fundador de Mc Donalds.

En su libro *"Como ser rico"*, Getty (magnate petrolero, en su tiempo el hombre más rico del mundo) y en su autobiografía, dejó varios consejos sobre la Riqueza.

Uno de sus principales legados o enseñanzas es el gusto por el riesgo y por evitar la vida convencional.

Getty fue un inversor extremadamente arriesgado. Según cuenta en su auto-biografía, mucha gente lo intentó disuadir sin éxito del riesgo extremo de algunas de sus apuestas. Dice Getty que no hay que escuchar ese tipo de consejos pesimistas de los otros, sino seguir la propia intuición.

En 1949, Getty pagó a Arabia Saudita la suma de 9,5 millones de dólares en efectivo y 1 millón de dólares al año por una concesión de 60 años a un tramo de tierra árida cerca de la frontera de Arabia Saudita y Kuwait.

Todos intentaron disuadirlo de semejante riesgo. Es que ningún petróleo había sido descubierto allí nunca.

Al principio la inversión riesgosa de Getty arrojó señales pesimistas y desalentadoras. Pasaron 4 años buscando petróleo en esa zona sin que nada aparezca. La búsqueda frustrada le costó otros 30 millones de dólares, que se sumaron a todo lo que había pagado a Arabia Saudita para poder explorar en esa zona. No obstante, luego las cosas cambiaron. A partir de 1953, la apuesta de Getty produjo 16.000.000 de barriles (2.500.000 m3) al año, lo que contribuyó en gran medida a convertirlo en el hombre más rico del mundo, superando su fortuna los mil millones de dólares.

A partir de esta experiencia y esta filosofía, se marco a fuego la convicción en Getty de la importancia que tiene tomar riesgos y no ser conformista.

Getty llegó a afirmar que *"Sin el elemento de incertidumbre, el mayor triunfo empresarial sería aburrido, rutinario e insatisfactorio"*. Según Getty, con el conformismo no se nace, sino que se hace. El lavado de cabeza para hacer de ti alguien conformista, explica el autor, comienza en la escuela.

Por lo tanto: ¿Por qué el mercado te va a dar una fortuna sino le das, a cambio, algo exótico y exclusivo? Si tienes un diamante —exclusivo, escaso- el mercado te puede dar una fortuna, pero si tienes un cable de cobre te dará apenas unos centavos. Porque un cable no es escaso.

Si quieres tener una fortuna debes darle algo al mercado que no sea común, y ese algo puede ser la decisión de salir del conformismo, ir hacia lo éxotico y soportar el riesgo. Esta decisión no es común, ya que la inmensa mayoría de la gente —como explica Getty- fue formada en la escuela para ser convencional, rutinaria y conformista.

Esto no quiere decir que el "riesgo" de una inversión sea suficiente para justificarla —hay otros factores, claro-, sino que —habiendo fundamentos para confiar en el activo- el mayor riesgo significa mayor oportunidad de ofrecerle algo escaso al mercado, la decisión de arriesgar el capital en este activo.

Robert Kiyosaki (autor de la serie Padre Rico- Padre Pobre) afirma "*El miedo y la indecisión salen caros*".

Este autor argumenta lo siguiente:

"La principal diferencia entre una persona rica y una persona pobre es la manera en que manejan el miedo. Si odias el riesgo y te preocupa.... comienza temprano. Por eso los bancos recomiendan el ahorro como un hábito cuando somos jóvenes. Desafortunadamente la mayoría de la gente no es rica porque está aterrada de perder. Los ganadores no tienen miedo de perder. Pero los perdedores sí. El fracaso es parte del proceso del éxito. La gente que evita el fracaso también evita el éxito".

Warren Buffet también nos cuenta que está familiarizado con las malas decisiones.

"Compré una compañía a mediados de los años 90 llamada Dexter Shoe y pagué 400 millones de dólares por ella. Y me quede sin nada. Y he gastado alrededor de 400 millones de dólares en acciones de Berkshire, que ahora probablemente vale 400.000 millones de dólares. He hecho muchas decisiones tontas. Eso es parte del juego."
Warren Buffet

-IID- NO ES NECESARIO NI CONVENIENTE ARRIESGAR TODO EL CAPITAL.

Mientras que en las inversiones que se consideran de bajo riesgo, es común que se arriesgue un gran capital —ya que son activos sin volatilidad y requieren una gran inversión para obtener una diferencia-, en las inversiones altamente riesgosas, en cambio, no es necesario apostar un gran capital.

Todo lo contrario: lo que tienen en común todas estas inversiones exóticas en bienes digitales y altamente riesgosos es que no requieren un gran capital y que, además, es injustificado destinar en ellas todos nuestros ahorros.

Bastará acertar con un poco capital para que las ganancias (que pueden llegar hasta ser 1000 veces lo invertido) sean de todas maneras suficientes para darte la libertad financiera. En cambio, arriesgar todos tus ahorros es, desde todo punto de vista, desaconsejable dada la posibilidad alta de que lo pierdas todo.

Un asalariado de clase media que busca la libertad financiera, haría bien en capacitarse en el rubro y luego invertir el 10% (diez por ciento) de todos sus ahorros en inversiones altamente riesgosas digitales.

Si los cambios tecnológicos de la revolución informática determinan que alguna de esas inversiones le dejen una ganancia 1000 veces mayor, entonces alcanzará esa baja inversión para darle la libertad financiera. Si la apuesta es errada, de todas maneras no habrá perdido todo su capital.

"Quien se conforme con ganancias seguras, difícilmente llegará a amasar grandes riquezas, quien lo fie todo a grandes aventuras, frecuentemente quebrará y caerá en la pobreza: es bueno, por lo tanto, proteger las aventuras con los frutos de la certidumbre para que puedan soportar las pérdidas" Sir Francis Bacon

-IIE- LA IMPORTANCIA DE LA AUSTERIDAD Y DE REDUCIR LOS GASTOS SUPERFLUOS

Las inversiones altamente riesgosas digitales pueden tomarse como un juego divertido y, por ello, merecer que se le destine a ellas el dinero que se hubiera gastado en otros entretenimientos.

Según explica Getty, los ricos miran a ganar dinero como un juego que les encanta jugar.

El objetivo debe ser construir riqueza como producto del éxito. Si la riqueza es tu único objetivo en los negocios, probablemente fracasarás. La Riqueza, dice Getty, es solamente un beneficio del juego del dinero, dice el magnate petrolero. Si ganas, la Riqueza estará allí.

En otras palabras: ya que hacer inversiones es divertido, suspende otras diversiones que tienen costos y destina ese mismo dinero a tus inversiones.

Por eso, es importante tratar de reducir los gastos inútiles, alcanzar una vida austera, y destinar esos fondos sobrantes en este tipo de activos.

En *"El millonario de al lado"* (Thomas J. Stanley y William D. Danko), luego de una investigación de más de 20 años, los autores revelan los secretos de los hombres más ricos de los Estados Unidos.

Se trató de una larga investigación a diez años de duración de más de 500 millonarios para tratar de indagar qué características en común ellos tenían.

Ahora bien: una de las características salientes de estos millonarios, observaron estos investigadores, es que son muy eficientes transformando ingresos en patrimonio y priorizan la inversión por sobre el gasto. De hecho, los millonarios invierten mucho más que otras personas de distintos niveles socioeconómicos.

Tras observar de cerca a los realmente millonarios sobre una muestra de cerca de 500 personas extremadamente exitosas, los autores se impresionaron de su falta de lujos y de ostentación. Al contrario de la imagen falsa que hizo de ellos Hollywood, los millonarios – sorprendentemente- tienen un estilo de vida austero y sencillo.

Muchas personas que viven en casas caras y conducen coches de lujo en realidad no tienen mucha riqueza.

Entonces, descubrimos algo incluso más extraño: Muchas personas que tienen una gran cantidad de riqueza ni siquiera viven en barrios de lujo.

Es más fácil, concluyen los autores, acumular riqueza si no vives en un vecindario de alto estatus. Es que los gastos fijos que trae la vida de alto estatus se traducen en menos dinero para aprovechar en oportunidades de inversión.

Por ello, los autores reiteradamente llaman la atención sobre los excesivos gastos que incurre cierta clase media para aparentar un alto estatus social. Son esos mismos gastos los que les impiden progresar.

Dicen los autores:

"Si aún no es rico pero quiere serlo algún día, nunca compre una casa que requiera una hipoteca que sea más del doble de la renta total anual realizada de su hogar"

La mayoría de las personas creen que los millonarios tienen ropa cara, relojes y otros artefactos de estatus. Los autores, insisten que, contrariamente a ese prejuicio tan extendido, han encontrado que este no es el caso.

Es muy difícil para una pareja casada acumular riqueza si uno es un derrochador. Un hogar dividido en su orientación financiera es poco probable que acumule riqueza significativa.

¿Cuántos por no ser austeros y por querer aparentar estatus no son millonarios y están encajados en la cinta de correr perpetua ganar y consumir?

Según la encuesta más reciente que realizan los autores, el millonario norteamericano típico informó que él (ella) nunca gastó más de 399 dólares por un traje de ropa para sí mismo o para cualquier otra persona

Hay una relación inversa, dicen los autores, entre el tiempo dedicado a la compra de artículos de lujo como los coches y la ropa y el tiempo dedicado a la planificación de su futuro financiero.

Con demasiada frecuencia, los clase media que producen altos ingresos pasan innumerables horas estudiando el mercado, pero no el mercado de valores. Los hombres de clase media, dicen los autores, pueden decirte los nombres de los mejores concesionarios de automóviles, pero no los principales asesores de inversión. Pueden decirte cómo comprar y gastar. Pero no pueden decirte cómo invertir. Conocen los estilos, los precios y la disponibilidad en varios concesionarios de automóviles. Pero saben poco o nada acerca de los diversos valores de las ofertas de mercado de acciones.

En conclusión sobre este estudio acerca de los millonarios se puede ver lo siguiente:

a- No gastes dinero en símbolos de estatus.

b- No gastes tiempo en estudiar sobre símbolos de estatus, usa ese mismo tiempo en estudiar sobre inversiones.

c- Una vida austera es importante para que puedas gastar menos dinero del que ganas y te quede un margen para invertir. Una vida austera es importante para invertir.

-IIF- LA IMPORTANCIA DE LA CAPACITACION CONSTANTE

Antes para ser un Inversor era requisito tener un capital importante. En la era del conocimiento, en cambio, el requisito es redoblar los esfuerzos en cuanto a la capacitación constante en inversiones.

Kiyosaki por ejemplo (autor de la serie Padre Rico- Padre Pobre) enfatiza que debemos educarnos financieramente. Aprender más sobre el manejo del dinero. Y no es una novedad, la importancia de las inversiones es algo que distingue y caracteriza a los ricos. Los pobres solamente ahorran, pero no se interesan por aprender a invertir.

Por ello estos autores sobre finanzas personales permanentemente enfatizan que debemos aprender sobre inversiones.

En el Siglo XXI es necesario ser rico ni tener un título universitario para aprender sobre inversiones. Puedes capacitarte hoy mismo.

-IIG- IR CONTRA LA CORRIENTE. CUANDO TODOS VENDEN, COMPRA. CUANDO TODOS COMPRAN, VENDE.

Según el billonario Getty, en su libro *"Como ser rico"*, nadie puede alcanzar un éxito real y duradero o hacerse rico en los negocios al ser un conformista.

Por ello, Getty se jacta de no hacer nunca caso de lo que le dijeron. *"Compro cuando otras personas están vendiendo"*

Según Getty, comprar cuando todo el mundo está vendiendo y vender cuando todo el mundo está comprando no es un slogan pegadizo, sino que es la esencia misma de las inversiones exitosas.

"Cuando hay una crisis, es cuando algunos están interesados en salir y nosotros estamos interesados en entrar".-Carlos Slim, empresario mexicano-

Hay que animarse a ir contra la corriente y diferenciarse de la gran masa, del rebaño.

"Te diré cómo ser rico. Cierra las puertas. Se temeroso cuando otros sean codiciosos. Se codicioso cuando otros sean temerosos."-Warren Buffett.

"Mira las fluctuaciones del mercado como tu amigo en lugar de tu enemigo; benefíciate de la locura en vez de participar en ella". Warren Buffet.

"Mister Market es un esquizofrénico en el corto plazo pero recupera su cordura en el largo plazo" Benjamin Graham.

"Debemos de intentar ser temerosos cuando otros son codiciosos y ser codiciosos cuando otros son temerosos" Warren Buffet.

"*La causa más común de precios bajos es el pesimismo, algunas veces penetrante, algunas veces específico para una empresa o industria. Queremos hacer negocios en un ambiente así, no porque nos guste el pesimismo sino porque nos gustan los precios que produce. Es el optimismo que es el enemigo del comprador racional*". Warren Buffet.

De eso se trata: comprar en el pesimismo del mercado.

"*Mientras peor está la situación, menos se requiere para una mejora, y mayor el potencial de ganancias*". George Soros

"*Debemos de intentar ser temerosos cuando otros son codiciosos y ser codiciosos cuando otros son temerosos*" Warren Buffet.

"*La causa más común de precios bajos es el pesimismo, algunas veces penetrante, algunas veces específico para una empresa o industria. Queremos hacer negocios en un ambiente así, no porque nos guste el pesimismo sino porque nos gustan los precios que produce. Es el optimismo que es el enemigo del comprador racional"*. Warren Buffet.

De eso se trata: comprar en el pesimismo del mercado. Comprar en el pánico, comprar en el pesimismo. Vender durante la euforia, vender cuando se establece una suerte de "consenso" de que va a subir.

"El mercado es como un péndulo que siempre oscila entre el optimismo insostenible (que hace que los activos sean demasiado caros) y el pesimismo injustificado (que hace que los activos sean demasiado baratos). El inversor inteligente es una persona realista, que vende a optimistas y compra a pesimistas" Benjamin Graham.

-I- RULETAS INVERTIDAS.-

Como se vio, las inversiones riesgosas son las cumplen las características: a) exóticas b) se realizan cuando no hay optimismo en el mercado c) tienen un potencial intrínseco.

Pero... ¿Qué es el potencial intrínseco? Está relacionado con la posibilidad de que el activo represente un cambio social que de resultados a la gente para solucionar problemas concretos. Está vinculado a tener la capacidad de visualizar el futuro y estudiar si el activo en cuestión puede crecer y convertirse en una herramienta que satisfaga una necesidad del mercado.

Hay que tener en cuenta que el mercado es muy amplio. Las necesidades también lo son. Si pensamos en las obras de arte, el valor de algunos cuadros demuestra que el gusto y la elegancia es suficiente para justificar el valor.

Cuando hablamos de inversiones exóticas y altamente riesgosas, se trata de ir hacia el riesgo a consciencia, pero actuando igual con inteligencia.

Pienso en el casino, pero no en el Casino tradicional.

En el Casino tradicional la matemática juega en contra del jugador. Por ejemplo, en una ruleta si se acierta un pleno, te pagarán 35 veces la apuesta, cuando hay 37 números, contando el 0.

Por lo tanto, jugar a la ruleta no solamente es una inversión de riesgo, sino también una pésima inversión. Tiene la sana diversión del riesgo y eso es bueno, pero haciendo un cálculo de probabilidad se advierte que es una pésima decisión.

Sin embargo... ¿Qué tal si encontraras una ruleta que paga el pleno 300 veces? Entonces pondrías un billete en cada número y, aunque pierdas todos los otros, perderías 35 billetes, pero el que aciertes te pagaría 300. O sea: poniendo un pleno en cada número habría una excelente inversión.

De eso se trata las inversiones inteligentes riesgosas. Aunque tienen un riesgo alto, cuando el potencial de retorno es muy superior al riesgo, se justifica porque bastará que aciertes con alguna de ellas para duplicar las pérdidas de todas las demás.

Sin embargo, supongamos que el Casino imaginario que te digo que paga 300 veces el pleno no te dejara poner un billete en cada número.

En ese caso tendrías esto que te quiero mostrar: una inversión de altísimo riesgo, pero una excelente inversión. Si jugaras un pleno, la probabilidad de ganar sería de 1/36 y lo más probable sería perder... pero aún así, sería una excelente inversión. Porque si ganas te pagará 300 veces. Entonces si vieras una ruleta así, aunque no te dejen jugar a todos los números al mismo tiempo, deberías quedarte toda la noche jugando.

El Casino no funciona así porque está pensando para que el Casino gane y los jugadores pierdan. Pero el mundo de las inversiones si funciona así.

Está lleno de Casinos que pagan 300 veces el pleno o que pagan 10.000 veces el pleno. Algunos de ellos, te pagan 1000 veces el pleno (el activo multiplica su valor) y, si pierdes, te devuelven la ficha (el activo mantiene el valor)

Justamente la mayoría tienen una inmensa aversión al riesgo. Por eso, como son ignorados por la masa es que hay tantas oportunidades. En el mundo de las inversiones está repleto de estos Casinos y... ¡hay que ir a jugar!

Seguramente a Getty –que le encantaba el riesgo del juego del dinero- esta época le hubiera parecido fascinante. Hay tantos cambios que hay oportunidades fabulosas y amenazas gravísimas todo el tiempo. Y estas oportunidades de inversión –ruletas que pagan veinte mil veces el pleno- están por todas partes.

Me gusta el concepto "ruleta invertida", porque sigue siendo azar y riesgosa, y la mayoría de la gente huye del riesgo. Por eso, las oportunidades más riesgosas son las mejores, pero para eso, el inversor debe estudiar el tema y saber que, efectivamente, hay un potencial que puede desplegarse que justifica el riesgo

Durante el resto del libro veremos algunas de estas inversiones con una explicación acerca de cómo realizarlas.

Veremos algunas de estas "ruletas invertidas".

-III- INVERSIONES EN DOMINIOS DE INTERNET.

-IIIa- QUE SON LOS DOMINIOS DE INTERNET.

Los dominios de internet son los nombres de las páginas web y que se usan también en los correos. Por ejemplo, el dominio "bmw.com" pertenece a BMW y le da el derecho y la posibilidad técnica de darle el nombre "BMW.COM" a una página y de configurar correos electrónicos terminados en @bmw.com

Como la internet es mundial, el registrar un dominio implica sacarle a todas las otras personas del mundo la posibilidad de darle un nombre a un sitio web.

Los dominios que aluden a un producto o servicio se posicionan mejor para las búsquedas de ese producto. Por ejemplo, si escribes "wines" en Google, aparece entre los primeros lugares "Wines.com" y como eso pasa en todo el mundo muestra la importancia que tiene para una empresa el comprar el mejor dominio.

-IIIb- COMO REGISTRAR UN DOMINIO DE INTERNET.

Puedes registrar un dominio de internet desde tu casa con una computadora conectada a internet, usando solamente tu tarjeta de crédito. Es extremadamente sencillo hacerlo, para registrar un dominio ".com" puedes ir a páginas como Godaddy.com o www.networksolutions.com

Allí encontrarás las instrucciones sobre cómo realizarlo. Es extremadamente fácil y se trata de llenar un formulario online.

-IIIc- EL NEGOCIO DE REVENDER LOS DOMINIOS DE INTERNET.

En el año 2017 ya los mejores dominios se encuentran registrados, entonces, para poder darle un buen nombre a un sitio, resulta conveniente ir al mercado secundario.

Esto quiere decir ir a buscar a las personas que ya tienen dominios de internet registrados y comprárselos a estas últimas.

Hay páginas donde se compran estos dominios de internet ya registrados, tales como Sedo.com y Afternic.com

También hay otras páginas especializadas en subastas de dominios de internet como Namejet.com

El mercado secundario es muy utilizado ya que es conocido en la industria que los mejores dominios ya están registrados y, por lo tanto, resulta mejor inversión comprarlo en la reventa que registrar un dominio de inferior calidad.

Registrar un dominio de mala calidad (por ejemplo, largo, con muchas letras, difícil de recordar) supone perder mucho dinero en inversiones en publicidad ya que la gente no recuerda luego el sitio y se pierde en fidelidad de los clientes y posicionamiento. De esta manera, hoy las grandes empresas suelen comprar los dominios ya registrados y quienes los registraron antes hacen, así, una importante diferencia.

Este tipo de inversores se denominan "domainers". Se dedican a registrar cientos de buenos nombres de dominio, esperando lucrar con su reventa. A veces, los "domainers" intervienen dentro de remates de dominios y alcanzan a comprar dominios ya registrados que les permiten revenderlos luego y sacar una importante diferencia.

Todos los meses se revenden en el mercado secundario dominios de internet a valores superiores a los 100 mil dólares.

Para tener en cuenta las ganancias que se pueden obtener en estas inversiones, podemos considerar la lista de los dominios más caros de la historia. No son "páginas web" ya desarrolladas, sino tan solo dominios. El mérito del vendedor consistió en "llegar antes" y registrar el dominio (a un costo de 10 dólares), permitiendo luego revenderlo a mucho más dinero.

Aquí está la lista de los dominios más caros de la historia (ten en cuenta que el vendedor tan solo los registró a un costo de 10 o 30 dólares, y luego los revendió a este precio).

Los dominios más caros de la historia:

1-VacationRentals.com

Se vendió en el año 2007 a 35 millones de dólares. El comprador admitió que lo compró por ese precio por temor a que su competidor lo comprara.

2- PrivateJet.com

Se vendió en el año 2012 a por unos 30.18 millones de dólares.

3- Insure.com

La venta de Insure.com ocurrió en 2009 por 16 millones de dólares.

4- Sex.com

El acuerdo se hizo por $14 millones de dólares y ocurrió en octubre de 2010.

5- Hotels.com

Se vendió por 11 millones de dólares en el año 2001.

6- Fund.com

Fue comprado en el año 2008 a un precio $ 9,9 millones de dólares.

7- Porn.com

En el año 2007 se vendió por 9.5 millones de dólares.

8- FB.COM

Facebook compró FB.COM en el año 2010 por 8.5 millones de dólares.

9- Business.com

Se vendió por 7,5 millones de dólares en diciembre del 1999.

10- Diamond.com

Fue vendido en el año 2006 a un precio de 7.5 millones de dólares.

11- Beer.com

Fue vendido en 2004 por un precio de 7 millones de dólares.

11-Israel.com

Se vendió en el 2008 por el precio de 5.88 millones de dólares.

12-Casino.com

Este dominio fue vendido en la Mansión de Gibraltar en el 2007 y fue ofertado a un precio de 5,5 millones.

13- Slots.com

Slots.com se vendió en el 2010 por unos $ 5,5 millones.

14- Assenontv.com

Este dominio fue comprado por el Grupo de LA en el 2000 por un precio de 5,1 millones de dólares.

15- Toys.com

Se vendió por 5,1 millones en el 2009 por el anterior propietario. Este dominio fue vendido a ToysRUs.

16-Korea.com

Korea.com se vendió por 5 millones en el 2004.

17-Clothes.com

Zappos, una compañía de ropa, compró clothes.com en el 2008 por un monto de $ 4,9 millones.

18- Icloud.com

Apple compró este dominio por un precio de 4,5 millones en 2011.

-IIId- HISTORIAS DE ÉXITO.

Por allá en marzo de 1995 un norteamericano llamado Michel Castelló visionó el valor de poseer un nombre de dominio .com para la palabra whisky y lo registró.

La idea fue buena, pero arriesgó alrededor de 45 dólares que le costó su inversión, ya que en aquel momento los dominios libres tenían un valor así. Además, asumió el riesgo de meterse en algo entonces desconocido como internet, llenar el formulario y colocar allí la tarjeta de crédito. Es muy poco dinero, pero es una inversión extremadamente riesgosa porque en ese entonces la internet estaba desarrollándose y era probable que perdiera esos 45 dólares.

En esos años las gran mayoría de palabras de negocios y grandes empresas se encontraba libre. Castello lo hizo pensando en un club nocturno que frecuentaba y que se llamaba The Whisky, en Hollywood. Sin embargo, cuando le ofertó el dominio al dueño de dicho bar, fracasó porque le dijeron que ya habían registrado otro.

En 1996 recibe una propuesta para vender el nombre; Castelló pedía 1.000 dólares, lo cual se le hizo mucho dinero al oferente. 1997 vuelve dicho empresario a ofrecer los 1.000 dólares pero Castello, cortésmente, tuvo un nuevo precio: esta vez 10.000 dólares. De nuevo se ahuyentó el postor debido al precio estipulado. 1998, el mismo postor ofrece los 10.000 dólares solicitados, pero esta vez su dueño pedía 100.000. Notemos que no era una empresa de internet, no tenía empleados, no realizaba una actividad económica. Sólo era el nombre que él había registrado por 40 dólares, y que ya tenía una importancia creciente porque Castello, como propietario del dominio, era la única persona en todo el mundo que podía darle el nombre "whisky.com" a una página, pese a que todas las personas del mundo conocen las palabra "whisky".

Castello decide alimentar el sitio haciendo una página interna para cada tipo de Whisky conocido. Se consolidó fuertemente en el mercado y en las búsquedas, pero no era más que el contenido que él mismo subía a su página: el valor estaba en el nombre. Empezando 2014, Castello se lo ofreció a un bróker de dominios para que trabaje en su venta. Finalmente, fue comprado el nombre por una distribuidora de whisky, en el año 2014, por la suma de 3.1 millones de dólares. En realidad Castello nunca fue empresario ni hizo nada más que una inversión de 45 dólares en el momento adecuado.

Por esta razón, no solamente fue Whisky.com, sino que hubo muchos mas dominios de una palabra registrados por 30 o 45 dólares y revendidos por cifras altísimas. Así por ejemplo el dominio insurance.com se vendió en el año 2010 por la cifra de treinta y cinco millones con seiscientos mil dólares (35.6 millones). Una cifra similar alcanzó Vacationrentals.com que se vendió en 35 millones de dólares en el año 2007, o privatejet.com por el cual pagaron 30 millones de dólares, entre muchos otros ejemplos.

Sin embargo, todos estos dominios fueron registrados por pioneros en los inicios de internet. Hoy intentar registrar un dominio de estas características resulta imposible.

-IIIE- COMO ELEGIR UN BUEN DOMINIO DE INTERNET PARA LA REVENTA.

El mercado de dominios sigue siendo una plaza importante donde se venden semanalmente nombres por más de diez mil dólares que fueron registrados a treinta dólares. Sin embargo, casi todos los buenos dominios ya están registrados. Una buena página para introducirse en estas inversiones es www.expireddomains.net.

En dicho sitio aparecen todos los dominios del mundo que no fueron renovados y cayeron y quedaron libres y se pueden seleccionar por categorías. De esa manera se puede comprar luego en cualquier registrador el dominio que sea de interés y ver si se puede revender.

En páginas como Sedo.com o Namejet.com se realizan diariamente remates de nombres de dominio que concitan el interés de este tipo de especuladores.

Para entrar a este mercado de inversiones es necesario conocer algunos parámetros como que:

1) Los dominios de una palabra valen más

2) Los dominios que aluden a un producto o servicio valen más

3) Los dominios ".com" son los más valiosos al ser conocidos por más usuarios que otros dominios como los ".org" o ".net"

4) La cantidad de búsquedas en Google de la palabra del dominio hace subir su valor… (cuanta más gente esté interesada en el nombre buscando en Google, más potenciales clientes podrá lograr el dueño del dominio y por eso más dinero estará dispuesto a pagar por dicho nombre).

Como ya prácticamente todos los buenos dominios están registrados, el inversor en dominios actual debe ir a comprar los que son perdidos por falta de renovación.

Entonces, por eso, la plataforma gratuita de https://www.expireddomains.net puede dar una solución ya que allí se ven reflejados todos los dominios del mundo que van quedando libres día tras día por falta de renovación y, de vez en cuando, aparecen dominios realmente valiosos.

En Expireddomains.net hay herramientas interesantes para filtrar los dominios libres. Se indican también la cantidad de búsquedas en Google que recibe dicho dominio, lo cual es un parámetro interesante sobre el interés que despierta la palabra y, además, se indica el precio que se paga en publicidad online por dicha palabra. Esto último es útil para saber si el dominio alude a un servicio o producto con mucha competencia en internet y que deja importante rentabilidad.

Otra funcionalidad muy valiosa para buscar dominios olvidados valiosos en Expired Domains es la que permite filtrar por extensión.

La primer extensión de dominio que salió al mercado en los inicios de internet es ".com" . Para el público consumidor de todo el mundo, lo más conocido es ".com" Luego, como todos los dominios buenos estaban registrados, salieron otras extensiones como ".net" o ".info" o ".org".

No obstante si registras el dominio " farmacias.net" y lo publicitas, es muy probable que una gran parte de tus clientes se olviden el nombre completo y tecleen "farmacias.com" ya que la mayoría de la gente recuerda ".com". Esto hará que le hagas publicidad gratis al dueño del ".com" y por eso tener el dominio ".com" es un activo empresarial inigualable.

Considerando esto, en Expired Domains puedes filtrar los dominios muertos pidiendo que te muestren únicamente los que tienen el dominio ".net" y el dominio ".org" ya registrados y el dominio ".com" libre. Esta situación se da cuando se registró primero el ".com", pero, como la palabra era muy valiosa, otros registraron luego ".net" y ".org". Finalmente, el dueño original de ".com" se desinteresó, no lo renovó y quedó libre. Por lo tanto, quedó el dominio más valioso de todos libre y es la oportunidad para registrarlo y ponerlo en la reventa.

Estas son las razones que me llevan a concluir que, si deseas realizar inversiones en dominios de internet, Expired Domains es una excelente herramienta gratuita para identificar las oportunidades.

Luego de que el dominio ya está registrado, puedes ponerlo a la venta en páginas como SEDO.COM. No es raro poder revender a 20.000 dólares un dominio que se pudo registrar a 10 dólares si se trata de un buen dominio, no es raro porque todos los días se venden por estos valores dominios en el mercado de reventa.

-IIID- NO ES BUEN NEGOCIO REGISTRAR DOMINIOS DE MARCAS

Una idea equivocada que tienen los iniciados en este negocio de las inversiones en dominios consiste en creer que robarle el dominio a una marca conocida permitirá extorsionarla y sacar una buena diferencia.

No sucede así. Cuando los dominios aluden a marcas comerciales (por ejemplo: cocacola.com), la empresa titular de la marca puede iniciar un Arbitraje Internacional y recuperarlo mediante esta acción legal. La tasa del Arbitraje es de 1500 dólares, pero, por lo común, las empresas no están dispuestas a negociar menos que eso con el extorsionador.

Por esta razón, los dominios que aluden a marcas comerciales no se consideran buenos en el mercado de la reventa de dominios.

Los dominios más valiosos de todos son los que representan palabras del diccionario. Y las palabras genéricas no pueden ser marcas o, si lo son, son marcas débiles. Por ejemplo, el dominio Toys.com puede valorarse en más de 2 millones de dólares, pero no es "marca" porque no distingue un proveedor de otros, sino que es una palabra del diccionario que refiere al producto. En cambio la palabra "coca cola" no significa nada en especial en el lenguaje, tiene un alto poder distintivo como marca, y quien registre este tipo de dominios estará infringiendo el derecho de marcas.

-IIIE- PRECAUCIONES PARA EVITAR ESTAFAS EN LAS COMPRAS O VENTAS DE DOMINIOS

Para conocer los datos de titularidad de un dominio, pueden consultarse los registros WHOIS en las páginas de registro de dominio.

El WHOIS más confiable es el que suministra la ICANN y tiene la siguiente dirección:

https://whois.icann.org/es

No obstante, quien es dueño del dominio es quien maneja el panel de control. Porque quien maneja el panel de control puede cambiar la titularidad con solo meterse en su computadora.

Por esta razón, muchas estafas se producen cambiando los datos de titularidad como prueba de la transferencia del dominio. Cuando el comprador se cree que el dominio es suyo porque figura en el WHOIS a su nombre, transfiere el dinero en pago. Pero luego el vendedor cambia los datos del WHOIS y el dominio no quedó transferido, sino que fue una estafa.

Para evitar esto debe tenerse en cuenta que la manera de adquirir el dominio es con una transferencia de dominio y el dominio se adquiere cuando se lo tiene en el panel de control. Se abre una cuenta en un registrador (por ejemplo Godaddy.com) y el dominio se obtiene cuando está dentro del panel de control y no se debe pagar el dinero hasta que no se maneje el dominio.

No obstante, lo más seguro es contratar los servicios de páginas especializadas en ventas de dominios. Por ejemplo, si el dominio se compra o se vende en SEDO.COM, entonces la propia empresa (líder en el sector) cobrará una comisión por la operación pero supervisará que el dominio realmente se transfiera al comprador y que el precio realmente se paga.

Esto lo puede realizar SEDO porque brinda un servicio de ESCROW.

Los servicios de escrow son un intermediario que permite que cualquier transacción se realice con la máxima seguridad para ambas partes, sin miedo a timos ni fraudes, aunque para que ello sea posible hay que recurrir a empresas de confianza que brinden este servicio (como Sedo.com o como Escrow.com)

Su funcionamiento es sencillo, ya que el cliente paga el producto o servicio que quiere recibir y una vez que el vendedor lo entrega el intermediario (escrow) le paga. Si el vendedor no entrega lo que le corresponde no recibirá su pago, que será devuelto a quien lo había enviado; mientras que si cumple su parte, recibirá el dinero que le corresponde generalmente al día siguiente.

El Escrow es un servicio muy seguro que garantiza la confianza entre ambas partes.

-IIID- CONCLUSIONES

Si bien la oportunidad de hacer dinero registrando dominios libres no es tan clara en esta época –como sucedía en los inicios de internet-, a través de sofisticadas herramientas de búsqueda –como las que suministra la página expireddomains.net- se puede ingresar en este mercado y encontrar buenas oportunidades.

Actualmente, el mercado de reventa de dominios está muy activo y se realizan importantes operaciones en páginas como Sedo.com o Namejet.com o Afternic.com

-III- INVERSIONES EN BITCOIN

-IIIa- BITCOIN COMO INVERSION-

Hace 7 años, un 22 de mayo de 2010, el programador Laszlo Hanyecz, de Jacksonville (Estados Unidos) realizó la primera transacción con bitcoins en el mundo real: compró, a otro usuario de BitcoinTalk, dos pizzas de Papa John's a cambio de 10.000 BTC.

Fue el primer intercambio comercial con bitcoins fuera de la web. En aquel momento, esa cantidad (10 mil bitcoins) equivalíz a unos 30 dólares norteamericanos.

No obstante, cada año que pasa el negocio se vuelve mejor y mejor para Jeremy Sturdivant, quien aceptó los bitcoins a cambio de las pizzas. Hoy, esa cantidad (que en el 2010 equivalía a 30 dólares) es equivalente a más de 20 millones de dólares.

Por eso, dentro de la comunidad bitcoin se celebra el pizza day party, para conmemorar el primer objeto fuera del mundo digital que fue comprado con bitcoins.

Según el empresario Wenceslao Casares, el cual es el dueño de la empresa bitcoinera XAPO.com (por ende, no es para nada imparcial), el Bitcoin –que a principio del 2017 oscilaba entre 900 dólares y 1000 dólares y hoy, algunos meses después, vale 2000 dólares- valdrá más de quinientos mil dólares, en diez o cinco años.

Martin Varsavsky, otro empresario emprendedor especializado en el segmento de los negocios de alta tecnología y que repetidamente ha mostrado una gran visión en estas áreas, es más cauto.

En el año 2014 publicó lo siguiente:

"Para mi, el Bitcoin es una moneda que si la tiras al aire en 2020, tendrás una cara valorada en 100.000 dólares y una cruz que valga cero. Si sale cara, Bitcoin para entonces se habrá convertido en un serio competidor para el oro y una auténtica *moneda de cambio. Si vale cero, será porque o bien la gente habrá perdido el interés en la moneda digital o porque una mejor será más útil. El primer caso sería algo parecido a lo que pasó al comprar terrenos en Second Life, que en su momento se pensó que sería una buena forma de hacer dinero. El segundo como invertir en MySpace en vez de en Facebook."*

Por supuesto, a 2000 dólares y un riesgo de ½ de perder el dinero o de multiplicarlo por 50, sigue siendo una inversión conveniente, aún tomando como cierto el esquema presentado por el más prudente M.V.

Según Jeremy Liew, el primer inversor de Snapchat, es razonable que el bitcoin se dispare a 500 mil dólares para el año 2030.

Para que el bitcoin valga 500 mil dólares en el año 2017, explica Liew, se necesita que la cantidad de usuarios de la red bitcoin se multiplique por 61 hasta llegar al año 2030.

La red de usuarios del Bitcoin creció de 120.000 usuarios en 2013 a 6,5 millones de usuarios en 2017 (alrededor de 54 veces), y esto podría ser sólo el comienzo. Crecimiento de esa magnitud produciría 400 millones de usuarios en 2030 y, si creciera de esta manera, podría alcanzar para que valiese entonces 500 mil dólares.

En realidad –dentro del enorme riesgo que significa un experimento tecnológico como este- son ideas bastante realistas. No se necesita que bitcoin sea la "moneda universal" ni tampoco que ocupe el lugar de moneda de sostén que hoy ocupa el dólar norteamericano. Basta con que la cantidad de usuarios de bitcoin en todo el mundo llegue a ser un cuarto de la población de China para que esta moneda digital alcance a valer 500 mil dólares.

La oferta de Bitcoin para 2030 será de unos 20 millones. El precio 2030 del Bitcoin y la cuenta de usuarios totalizan 500.000 dólares y 400 millones, respectivamente. El precio se encuentra en un techo de mercado de 10 billones de dólares y se divide por el suministro fijo de 20 millones de Bitcoin. Por lo tanto, con la mayor participación que se espera de fondos de inversión, se pretende que el usuario promedio tenga invertidos 25 mil dólares en bitcoin (los fondos de inversión harían subir el promedio) y ello llevaría el precio a usd 500 mil.

Claro que, como recuerda Varsavsky, en su momento hubo mucha gente que pretendía hacerse rica comprando terrenos en *SECOND LIFE* (un video juego en red que reproducía la vida). Pocos años después, SECOND LIFE quedó en el olvido y los sueños de riqueza de sus especuladores inmobiliarios virtuales quedaron también en el olvido.

Pero vamos a explicarlo todo desde cero.

-IIIb- QUE ES EL BITCOIN. COMO FUNCIONA. QUIEN LO RESPALDA-

Primero de todo, es importante aclarar que bitcoin no lo respalda nadie. Vale porque la gente que lo usa lo reclama y porque su emisión es limitada.

Es una moneda digital descentralizada que no tiene ninguna entidad que la gobierne, sino que consiste en una comunidad de usuarios. Está asentada sobre la blockchain que funciona como un gran libro contable visible para todos los usuarios donde cuando un usuario pierde saldo en bitcoins, otro usuario lo gana.

Bitcoin no está respaldada por ningún gobierno ni depende de una autoridad central.

Es una criptomoneda, porque se basa en la criptografía. Funciona con un sistema de claves públicas y claves privadas.

Los bitcoines contienen la dirección pública de su dueño. Cuando un usuario A transfiere algo a un usuario B, A entrega la propiedad agregando la clave pública de B y después firmando con su clave privada. A entonces incluye esos bitcoins en una transacción, y la difunde a los nodos de la red P2P a los que está conectado.

Estos nodos validan las firmas criptográficas y el valor de la transacción antes de aceptarla y retransmitirla. Este procedimiento propaga la transacción de manera indefinida hasta alcanzar a todos los nodos de la red P2P.

El creador de Bitcoin es un pseudónimo llamado Satoshi Nakamoto. Su identidad real nunca se llegó a conocer. Hay quienes especulan que se trata de un grupo de usuarios. Hubo otros que se atribuyeron ser el famoso "satoshi", pero no dieron pruebas claras de sus dichos.

-IIIc- UN GRAN LIBRO CONTABLE EN EL CENTRO DE UNA COMUNIDAD DE USUARIOS DESCENTRALIZADA.

Para entender cómo funciona bitcoin se lo puede comparar con un gran libro contable.

Supongamos que vivimos en una sociedad donde no hay dinero, pero sí existe gran libro donde se anotan todas las operaciones que ocurren en cada momento.

Por ejemplo, hiciste un trabajo para alguien y es evidente que, por la contribución, debes tener derecho a participar de alguna manera, del producto social. Entonces vas al libro y escribes lo que te pagan por eso, que solamente es la deuda. Luego, vas al supermercado a gastar, entonces vas al libro contable y destinas ese saldo que pasa a estar a nombre del supermercado, a cambio de los productos.

Ese gran libro, contendría la evidencia, entonces, de todas las operaciones que se han efectuado en la sociedad, desde que existe el registro; sería, en cierto sentido, una cadena de operaciones eslabonadas en un orden particular.

BITCOIN funciona de manera parecida. El libro contable es la tecnología del blockchain y en esa tecnología estan todas las operaciones de transferencias de bitcoin, cuando una persona transfiere bitcoins a la otra entonces la operación queda inscripta en el libro contable.

Los "bitcoins" entonces siempre estan en internet, son una porción de dinero virtual dentro de la red bitcoin. Lo que tiene el poseedor o propietario es "la clave" para poder trasladarlos de un lado al otro, al ser el único que tiene la clave entonces por eso es el dueño.

-IIId- PRINCIPIOS FUNDAMENTALES DE BITCOIN.

21 millones: la cantidad de unidades nunca podrá exceder los 21 millones de bitcoines. A diferencia de las monedas fiat (emitidas por los estados nacionales) que tienen desborda su emisión, bitcoin tiene límites a su emisión.

Sin censura: nadie puede prohibir o censurar transacciones válidas.

Código abierto: el código fuente de Bitcoin siempre debe ser accesible para todos.

Sin permiso: nadie puede impedir la participación en la red.

Seudoanónimo: no se requiere identificación para participar en la red Bitcoin.

Permutable: cada unidad es intercambiable.

Pagos irreversibles: las transacciones confirmadas no pueden ser modificadas ni eliminadas. La historia es imborrable.

-IIId- PARA OPERAR CON EL BITCOIN NECESITAS UNA WALLET (BILLETERA).

Necesitas un software que se llama "Billetera de bitcoin" y que sirve para administrar técnicamente estas claves privadas y permitirte recibir dinero o enviar dinero. Este software o aplicación la puedes instalar en tu computadora o en el celular, o puede ser por Harware.

De las billeteras que son aplicaciones es recomendable Copay (se puede bajar gratis en Copay) y en Hardware Wallet el Trezor (se compra en https://trezor.io o en Amazon y te pueden enviar el paquete a tu casa).

El Trezor tiene la seguridad de ser tener la clave privada aislada del internet y de la computadora. Lo puedes usar conectándolo a una computadora llena de virus, keyloggers (programas malignos de computación para guardar contraseñas, cuando escribes una contraseña el programa se la envia al hacker), troyanos y etc... aun así, el Trezor te protegerá porque la clave privada está aislada de la computadora y de internet.

El Trezor tiene un botón físico y todas las operaciones importantes requieren presionar dicho botón con la mano. Esto asegura que ningún hacker te lo pueda manejar a distancia.

De todas maneras, para empezar, basta con instalar de manera gratis COPAY en la computadora y ya podes empezar a tener el control total de tus propios bitcoins.

COPAY te indica la dirección de bitcoin a donde te deben enviar los bitcoins si te quieren transferir y, sobre COPAY, puedes usarlo para enviar tus bitcoins a donde lo decidas (y así pagar servicios).

-IIIe- COMO COMPRAR BITCOINS.

Comprar bitcoins es muy sencillo. Tan solo debes inscribirte en una empresa que brinda este servicio (en Argentina, puede ser Ripio.com o satoshi tango) y luego puedes enviar dinero allí por transferencia bancaria o comprarlos en un kiosco con servicios como pago fácil.

Al pagar el dinero, ellos te acreditaran en tu cuenta en la empresa tu saldo en bitcoins. Desde allí puedes enviarlos luego a tu billetera privada (como Copay) o dejarlos en custodia de estos terceros (confiar en un Banco de Bitcoins).

Además, puedes comprarlos de manera privada con un propietario de bitcoins. En este último caso, el titular de los bitcoins te pedirá la dirección de bitcoin de tu billetera (la puedes ver en la aplicación COPAY o en cualquier otra billetera) y te los enviará allí. Una vez transferidos, ya no podrán ser vueltos a transferir sin la clave privada la cual te pertenece y, por lo tanto, pasarás a ser el titular de los bitcoins.

Luego con la wallet vas a crear "cuentas", estas cuentas te permiten generar direcciones a las cuales te pueden enviar fondos y a la vez tendrás una clave privada con la cual acceder a los fondos de esa cuenta y autorizar movimientos salientes desde las mismas.

Los fondos NO ESTAN en la aplicación, los fondos están en la red de bitcoin registrados de manera distribuida en miles de nodos, no se puede apagar esta red de la misma manera que no se puede "apagar" internet. En tu aplicación (billetera) solo están las "llaves" para utilizar dichos fondos.

ADVERTENCIA: Se que esto parece difícil o chino básico. No obstante, es muy sencillo. No es necesario comprar 1 bitcoin, puedes empezar comprando centavos de bitcoins. Se recomienda empezar con poco dinero para probar las wallets, familiarizarte con el uso de la tecnología y, una vez con más conocimiento, comenzar a comprar cantidades para ahorrar.

-IIId- MINERIA DE BITCOINS

Mineria de bitcoins se le llama a una serie de operaciones complejas de computación que permiten crear nuevos bitcoins. Para decirlo de modo sencillo (porque este no es un libro de tecnología) la minería consiste en una serie de cálculos matemáticos realizados por potentes computadoras orientados a descifrar un código, cuando se descifra el código la red bitcoin paga con bitcoins a quien hizo la operación.

En los primeros años de bitcoin, cualquiera podía hacerlo con una computadora de su casa y obtenía una suficiente cantidad de bitcoins como para que sea rentable.

Actualmente, esto se ha profesionalizado. Se requieren costosas máquinas –con muchísimo poder de cómputo- y un importante consumo de electricidad para generar los bitcoins. Por lo tanto, no es rentable, en general, para un usuario casero y quienes realizan la minería son grandes pools mineros con empresas muy grandes, sobre todo en áreas donde la electricidad está subsidiada. La mayoría de los mineros están actualmente están en China.

Se pueden comprar máquinas para minar bitcoins, pero la rentabilidad de estas máquinas –contando el costo de la electricidad- usualmente no permitirá recuperar el costo de la inversión. La red se ha profesionalizado mucho y ya no está este negocio al alcance de particulares.

Un punto importante es que la tecnología bitcoin tiene limitada la emisión. A diferencia de las monedas que emiten los estados (en la jerga moneda "fiat") que puede ser ilimitada –un estado emite para pagar sus gastos corrientes, generando inflación-, la plataforma tecnológica bitcoin tiene limitada la emisión.

En cada HALVING la emisión –lo que obtienen los mineros con cada éxito de sus operaciones de minería- la emisión se reduce a la mitad. Al reducirse a la mitad la emisión, esto genera un efecto deflacionario muy fuerte que tiende a presionar al bitcoin hacia la suba.

El primer halving fue en el año 2012. Entonces el BITCOIN oscilaba alrededor de los 12 dólares o 9 dólares, algunos meses 6 dólares. En el año 2013, un año después de aquello, el BITCOIN llegó a valer más de 1100 dólares (mil cien dólares). Luego, tras la caída de una de las principales páginas de operaciones de bitcoin (MG GOX), llegó a caer hasta el valor de 200 dólares.

El segundo halving fue en el año 2016, en Junio. La emisión se redujo otra vez a la mitad. Empezó el año 2016 valiendo alrededor de 400 dólares el bitcoin, pero, con la cercanía del halving, llegó a subir a 700 en Junio de 2016. Ya en Junio de 2017, el valor está en 2200 dólares. Esto demuestra que, otra vez, el halving presionó el valor a la suba.

-IIIe- ESTAFAS AL COMPRAR O VENDER BITCOINS.

Hay que tener mucho cuidado en comprar o vender bitcoins a desconocidos que se encuentran en los grupos de facebooks para realizar este tipo de operaciones de forma privada.

Debe considerarse que las operaciones de bitcoins son irreversibles. Por lo tanto, el que está más expuesto es el que vende los bitcoins, ya que puede ocurrirle que nunca le realicen el pago prometido.

Son muy frecuentes las estafas. Resulta por eso más seguro recurrir a empresas conocidas y bien establecidas que se dedican a la venta de bitcoins. De todas maneras, si se toman las precauciones adecuadas, se puede comprar o vender personalmente

Las formas más comunes de estafas son:

a) Estafa Triangular.

El vendedor de los bitcoins se hace pasar por un tercero, cambiando su nombre de usuario en los emails o en las redes sociales. Puede hacerlo fácilmente robando las fotos de dicho tercero, tomándolas de twitter o de facebook.

Luego te da los datos bancarios de ese mismo tercero para que le hagas una transferencia a cambio de los bitcoins que te promete te venderá. Los datos son genuinos y te da confianza verlos y que tenga una cuenta bancaria y un documento y un CBU. No obstante, una vez que le transfieres el dinero al tercero víctima, el estafador llama a este mismo tercero, le dice que el dinero se lo envió el mismo y le compra algún tipo de producto (por ejemplo, celulares).

Entonces, en este ejemplo, el tercero al que le diste tu dinero le dio al estafador un producto, haciéndose pasar tu pago como si fuera el suyo. Los bitcoins nunca te los transfiere y desaparece y lo único que tienes es una cuenta que es de un tercero que también resultó engañado.

Precauciones para evitar la estafa triangular: NUNCA ENVIAR DINERO A QUIEN NO SE CONFIA, PEDIR FOTOS FIRMADAS, PREFERIBLEMENTE HACER LA OPERACIÓN PERSONALMENTE.

b) Estafa con el email adulterado

Los bancos, cuando se te envía una transferencia bancaria, suelen enviarte un correo electrónico que confirma la operación.

El estafador puede adulterar este correo electrónico para hacerte creer que te transfirió el dinero. Entonces, te confias, y le envias el bitcoin, pero el dinero nunca llega.

c) Incumplimiento de lo prometido

Esto pasa simplemente cuando te prometen enviarte bitcoin luego del pago de un determinado dinero a una cuenta, pero, una vez que realizas el pago, la transferencia de bitcoins nunca se concreta.

-IIId- ESTAFAS PIRAMIDALES. ESQUEMA PONZI

En el mundo de BITCOIN así como de otras criptomonedas abundan esta forma de estafas.

Se las reconoce porque son sitios que te prometen duplicar o aumentar tu "inversión" en bitcoin en ellos. Les depositas tus bitcoins y ellos te prometen darte más bitcoins. Pero, luego, el sitio o página web se desmantela, y nunca recuperas la inversión.

Una de las particularidades típicas de estos esquemas Ponzi es que exigen que les envíes "referidos". Los referidos son nuevas víctimas que deben "invertir" su dinero en el Ponzi y, a cambio de ellos, los estafadores te hacen un pago. Claro que un día no se pueden conseguir más referidos y los últimos en entrar nunca recuperan nada de su capital.

Hay que tener en cuenta esto: **ni en bitcoin ni en ninguna moneda digital legítima el valor** depende de que inviertas algo al inicio y consigas referidos, siempre que encontramos un esquema así estamos con una estafa piramidal.

Muchas veces a las estafas piramidales les dan el nombre de "marketing multi-nivel" (o también "Network marketing" o "red de mercadeo"), pero son eso: estafas, los últimos en entrar nunca van a recuperar su dinero y, si llegas a ganar algo, será a costa de estafar y de robar a otros.

En caso de que tengas un amigo que te invite a "invertir" en uno de estos Ponzi puedes decirle: *"Te estafaron, aceptá tu pérdida, pero no trates de estafar a otros"*.

Dentro de este sub-mundo de las criptomonedas, pululan los Ponzi, que desprestigian gravemente al bitcoin y a todas las monedas digitales. Hay incluso monedas digitales que son Ponzi (estafas piramidales) como ONECOIN. En el caso de ONECOIN, te exigen tu dinero en BITCOIN (por lo tanto, pretenden que les creas que su moneda revolucionará el mundo, pero quieren que les des tus bitcoins, ni ellos creen en su moneda).

Otra de las estafas piramidales que se hizo conocida fue "Bitcoin Cash" en Bolivia. La promesa de Bitcoin Cash era "triplicar su dinero en menos de dos meses". La empresa ofrecía multiplicar en poco tiempo el dinero de las personas mediante supuestas inversiones en Bitcoin, minería en el exterior o compra y venta de divisa. Luego de que depositaron el dinero, la página desapareció y nunca se recuperó.

Otro de estos Ponzi que se aprovecha del prestigio de Bitcoin es Airbit Club. Como pasa con estos sistemas, una vez que "inviertes" el dinero allí, nunca más lo vas a recuperar, salvo que consigas convencer a nuevos referidos de "invertir" allí también. Entonces la única forma de recuperar el dinero –o incluso ganar- es hacer que otros "caigan" en la trampa. Airbit Club vende una suerte de "membresía" del club que supuestamente gana con la minería de bitcoins, con el trading de bitcoin y reparte ganancias entre los "socios", pero, en realidad, el verdadero negocio es piramidal donde la única forma de recuperar el dinero es haciendo entrar a otros a la pirámide.

Así como Air Bit Club, ONECOIN, BITCOIN CASH, Gladiacoin, Weifastpay, NewAgeBank y muchas otras, porque usan el prestigio de bitcoin para atraer ambiciosos y quitarles todo su dinero.

Hay muchos otros de estos esquemas que prometen ganancias fabulosas pero en los que nunca se recupera el dinero (salvo que se consiga nueva gente para que caigan en la trampa).

La mayoría de los esquemas piramidales son estafas donde hay un producto que promete ciertas cosas pero que a nadie le importa, sino más bien que las únicas ventas se hacen empujadas por ese objetivo de ingresar más y más gente. El que logra meter nueva gente que gaste su dinero en el Ponzi recibe un pago y los últimos en entrar nunca recuperan su dinero.

ATENCION: Si prometen multiplicar los bitcoins, si exigen "referidos" para poder "devolver la inversión", si prometen ganancias excesivamente altas y sospechosas mejor no entrar y evitar este tipo de estafas. Invertir en bitcoins no requiere confiar en ninguna de estas empresas, se puede comprar los bitcoins y simplemente atesorarlos.

-IIIe- LA DIFERENCIA ENTRE DEJAR TU DINERO EN UN "BANCO DE BITCOINS" Y TENERLO TU MISMO

Muchas páginas de trading o de compraventa de bitcoins te brindan el servicio de custodiar tus bitcoins.

Al tener un usuario y contraseña, puedes entrar y manejar los bitcoins desde esa página. Ellos se encargan de la seguridad.

Pero…¿Qué pasa? Si un día la empresa quiebra, o desaparece, a tus bitcoins nunca más los podrás ver. Este lamentable resultado lo vivieron muchísimos usuarios de bitcoins, cuando páginas conocidas, "serias" y prestigiosas cerraron y nadie nunca más recuperó sus bitcoins.

Muchas veces la excusa es un hackeo, pero la verdad es que no te devuelven tus bitcoins.

Hay empresas de trading y de compraventa de bitcoin muy grandes y muy serias como BITFINEX o POLONIEX. No obstante, nada te garantiza que un día el dueño no quiera llevarse tus bitcoins allí depositados, cerrar la página y ya entonces no los verás nunca más.

Quizá el caso más conocido de esta tragedia fue MT GOX.

Mt. Gox, fue la mayor casa de cambio de bitcoins de Japón, entró en bancarrota en el año 2014 tras un "hackeo" (¿o auto-hackeo?) que explotó una vulnerabilidad de su sistema. Su CEO, Karpeles pidió disculpas, dijo que Bitcoin seguirá creciendo y que la industria del bitcoin se encuentra en buena forma.

En Mt GOX se perdieron más de 750.000 bitcoins, pertenecientes a sus usuarios. Y sus usuarios jamás recuperaron los bitcoins.

Como moraleja de este y de muchos otros casos parecidos, el consejo es que no se debe confiar en los "bancos de bitcoins" (dejar que los "cuide" otro), sino que es mejor guardarlos uno mismo.

Esto último se realiza cuando se baja una Wallet o Billetera Electrónica y se guardan los bitcoins en dicha wallet, manteniendo el absoluto control sobre ellos.

-IIIf- LAS BILLETERAS DE PAPEL.

La Paper Wallet o Billetera de Papel tiene la ventaja de que las claves están en un papel y siempre afuera de internet. De este modo, se evita que un hacker pueda robar los bitcoins.

La billetera de papel tiene la clave impresa en papel y, cuando se quieren usar esos bitcoins, solo se tiene que scannear esa clave. Pero sin scannearla quedan completamente afuera de internet, para mayor seguridad del propietario de los bitcoins.

Las carteras Papel pueden tener cualquier diseño que queramos. Recientemente se han popularizado diseños que se asemejan a billetes. Solo el poseedor podrá gastar los fondos guardados en él. También permite la posibilidad de dar o regalar ese dinero a otra persona simplemente entregándosela en mano.

Una vez que tenemos nuestra CarteraPapel, con nuestro smartphone y una aplicación bitcoin escaneamos el código QR. Si es el correspondiente a la clave pública, podremos añadir fondos y ver su saldo. Si es el correspondiente a la clave privada, podremos retirar los fondos.

Con las carteras de papel hay que tener especial cuidado, pues el día de mañana puede tener un extraordinario valor la cantidad de BTC que contiene.

Una vez que se ha importado la clave privada a una cartera (scaneando la billetera de papel), se pasa la TOTALIDAD del saldo a una nueva dirección tomando, así, posesión de los bitcoines. La dirección "fría" pasa, entonces, a ser "caliente" y ya no es seguro utilizarla para ahorros futuros. Se tiene que enviar los ahorros que no se quieran gastar a una nueva dirección.

Para minimizar el riesgo en el momento de la carga de la clave privada, es recomendable repartir los ahorros en bitcoines en varias direcciones. Por ejemplo, si se tiene 100 BTC ahorrados, en lugar de guardarlos todos en la misma dirección, es mejor crear 5 direcciones frías y hacer cinco pagos de 20 BTC a cada dirección.

-IIIg- COMO HACER UNA BILLETERA DE PAPEL CON LA IMPRESORA.

Siempre desconectado de Internet: esto garantiza que la herramienta de generación de claves privadas Bitcoin es realmente autocontenida y no requiere ningún tipo de transmisión de datos por la red.

Las claves privadas de las direcciones Papel:

_ Nunca se deben guardar en el disco duro del ordenador.

_ Nunca se debe escanear direcciones Papel en el equipo, excepto en el momento de su uso.

Para hacer una Billetera de Papel, puede ir a la página BLOCKCHAIN.INFO y allí encontrarás:

a) Un sencillo tutorial para generar una billetera de papel.

b) Un módulo para poder consultar en línea el saldo de las direcciones en el monedero de papel (de esta manera puedes corroborar que los bitcoins siguen en la billetera de papel).

-IIIi- BITCOIN: CONCLUSIONES

En 5 años, desde el año 2012 hasta el año 2017, el valor de btc se multiplicó por mil.

Según distintos expertos, puede llegar a volver a crecer vertiginosamente en los próximos años. Por ello, no es una alternativa para colocar todos los ahorros (su precio es muy volátil), pero, como inversión digital exótica para destinar una parte pequeña de ellos y luego olvidarse, sigue siendo una opción interesante para considerar.

-IV- -INVERSIONES EN OTRAS CRIPTOMONEDAS-

Luego del Bitcoin, se lanzaron muchas otras criptomonedas que vienen a ser "menores" por su más bajo "market capital".

En la página de trading de monedas digitales Poloniex se pueden ver muchas de ellas y realizar operaciones de trading.

La ventaja que tienen estas monedas menores a Bitcoin es que demuestran una volatilidad muchísimo mayor y, por eso, representan una oportunidad de ganancias más rápidas (y también de mayores pérdidas)

No es conveniente introducirse en este mundo sin la suficiente capacitación, pero – siguiendo el ejemplo de la ruleta invertida- algunas de estas monedas contienen un fabuloso potencial y pueden permitirle al pequeño inversor multiplicar por 10 o por 20 su inversión en pocos meses.

Para poner un ejemplo: la moneda digital ETHEREUM (ETH) cotizaba alrededor de 7 dólares a fines del año 2016. En Mayo del año 2017, rondó los 230 dólares. Esto significa un crecimiento de 30 veces en un período de tiempo inferior a un año. Si colocabas 2000 dólares, hoy tendrías 60 mil dólares.

En aras de operar en estas criptomonedas, resulta importante capacitarte en alguna de las siguientes áreas:

-La investigación tecnológica y económica sobre los "fundamentals" de la moneda en cuestión para permitir su crecimiento.

-El Análisis Técnico (una disciplina que estudia los gráficos de los movimientos de mercado, ayudando a predecir el precio).

Es importante señalar que, debido a que los inversores tradicionales no están capacitados para poner el foco en estas cambiantes arenas, el solo capacitarse e interesarse por este sub-mundo de las monedas digitales implica un diferencial muy importante que justifica la retribución grande que se puede hacer en poco tiempo.

Al respecto, difícilmente se encontrará, para el inversor chico, un área con tanto riesgo y tanta volatilidad como la que aquí tenemos.

En Octubre del año 2016 se lanzó una moneda digital nueva: Z-CASH. En la fecha de su lanzamiento, llegó a cotizar en Poloniex al valor de 3 millones de dólares (más de 3 mil bitcoins de entonces). El diferencial que esta moneda nueva aportaba es una mayor privacidad y confidencialidad de las operaciones, pero de ninguna manera justificaba el precio de los 3 millones de dólares por unidad.

No obstante ello, pocas horas después caia hasta estabilizarse unos días alrededor de 10 mil dólares.

En Febrero del año 2017, la moneda digital Z-CASH (misma que llegó a cotizar 3 millones de dólares) había bajado tanto de valor que se conseguía por menos de 28 dólares la unidad.

Ya en Mayo del año 2017, Z-CASH anunció una asociación el JP MORGAN (El mayor Banco de Estados Unidos) para realizar operaciones de transferencia de dinero con mayor confidencialidad y seguridad. El precio saltó entonces arriba de 270 dólares; en unos meses, había subido, entonces, 10 veces de valor para los que la compraron en 27 dólares.

- COMO COMPRAR MONEDAS DIGITALES EXOTICAS-

En el año 2017, comprar bitcoin es relativamente sencillo. No obstante si se quiere adquirir otras monedas más exóticas tales como ETHEREUM (ETH), o DASH (DASH), o LITECOIN (LTC), entonces hay que realizar algunos pasos más.

La forma más sencilla de hacerlo es 1) comprar bitcoins 2) registrarse en un Exchange (casa de cambios de criptomonedas) 3) transferir bitcoins a dicho Exchange 4) comprar las monedas exóticas.

El mercado más grande criptomonedas es Poloniex (https://poloniex.com/) y abrir una cuenta allí es relativamente sencillo. Otro exchange muy conocido es Bitfinex (www.bitfinex.com) donde también se puede abrir una cuenta y transferir los bitcoins allí para así poder operar con otras criptomonedas.

No obstante, el mercado que más criptomonedas soporta es POLONIEX, ya que allí se pueden comprar y vender prácticamente todas las criptomonedas importantes.

Luego de haber operado en estos exchanges se puede volver a transferir los bitcoins a una billetera privada o "billetera de papel" a donde guardarlos a seguro.

No es conveniente tener mucho dinero en estos exchanges debido a que, como pasó en repetidas ocasiones, pueden –de la noche a la mañana- cerrar y todo el dinero quedará perdido para siempre.

En el caso de BITFINEX, sufrió un hackeo en Agosto de 2016, retuvo por algunas semanas los fondos de todos sus usuarios, luego les quitó a todos un 20% de sus depósitos para "socializar las pérdidas" y luego les dio un token que simbolizaba la deuda de BITFINEX con sus usuarios. Ya en el año 2017, devolvió en dólares la deuda contraída, pero no pasó con otros exchanges como MC GOX (allí los usuarios nunca recuperaron sus fondos.).

Los exchanges vienen a funcionar también como "Bancos de Bitcoins" con lo cual ellos tienen el manejo de tus bitcoins. Si llegan a cerrar, los pierdes. Por lo tanto, es conveniente usarlos solamente para cambiar monedas y no como depósito seguro para guardar los bitcoins.

Una prevención importante que debe tomarse, al usar estos exchanges así como otros bancos de bitcoins, es activar el "Segundo Factor". El "segundo factor" es una segunda autenticación que se utiliza para operaciones importantes, como la operación de los fondos de la cuenta. Usualmente se puede colocar como "segundo factor" el número de celular. Por lo tanto, al hacer estas operaciones se enviaré un sms al celular del usuario con una clave y la página exigirá colocar esa misma clave para proceder a la instrucción. De esta manera, aunque un hacker haya tomado el control de las contraseñas y/o de la computadora del usuario, no podrá robar los fondos al no tener el control del celular.

-PUMP & DUMP -

Pump and dump (abreviado P&D; literalmente, «*bombear y tirar a la basura*» en inglés) es una forma de capitalizar con activos (generalmente acciones de la bolsa), que involucra la inflación en el precio de una acción comprada barata, mediante la manipulación del mercado, para venderla a un precio más alto luego.

Una vez que el dirigente del esquema "*pump and dump*" vende sus acciones sobreevaluadas (precio), el precio cae y los inversores pierden su dinero.

Si el promotor logra el "*pump*" de las acciones, esto tentará involuntariamente al inversionista a comprarla. El incremento de la demanda, precio, y cantidad en el mercado motivará a otros a comprar más acciones. Cuando el promotor vende y deja de promover las acciones, el precio se desploma. Los otros inversionistas se quedan con éstas a un precio insignificante, ni cerca de lo que pagaron para obtenerlas.

Este tipo de estrategias son muy conocidas en los mercados de valores (hubo casos muy conocidos como *Langbar International*, *Park Financial Group*, entre otros). No obstante, en estos mercados alternativos de innovadoras criptomonedas resultan esquemas aún muchísimo más frecuentes y posibles.

Sucede que estas criptomonedas nuevas como Z-CASH, RIPPLE, DASH, DIGIBYTE, entre muchas otras, tienen un Marketcapital muy chico. Por lo tanto, un solo jugador que tenga dinero puede mover el mercado rápidamente, fomentando maniobras especulativas. Es muy usual ver algunas de estas criptomonedas subir de precio un 400% (cuatrocientos por ciento) en un día, y se trata –frecuentemente- de maniobras especulativas de Pump & Dump. Muchos incautos, atraídos por la fabulosa suba de precio, compran, pero, pocas horas después, el precio se desploma y puede bajar a menos del 10% de su valor.

Es cierto que, debido a la altísima volatilidad que estas monedas representan, representan una increíble oportunidad de obtener importantes ganancias. Pero antes de realizar una inversión sobre una criptomoneda que demuestra importante suba, debe primero estudiársela – conocer sus fundamentos técnicos, el aporte que realiza- y descartar que se trate de una manipulación de precio por maniobra de Pump & Dump.

-LAS CRIPTOMONEDAS MAS IMPORTANTES-

En la página https://coinmarketcap.com/all/views/all/ se puede apreciar el Market Capital de todas las principales criptomonedas. Aunque el Market Capital puede ser manipulado, es un parámetro para medir la importancia actual que tienen para el mercado (la importancia actual, para invertir lo interesante es conocer la importancia futura).

BITCOIN (BTC) es la criptomeda con un Market Capital más amplio, lo que demuestra que, siendo la primera, sigue siendo el líder.

Atrás de ella, viene ETHEREUM en capitalización.

-ETHEREUM -

Ethereum es una plataforma descentralizada que permite soportar la creación de acuerdos de contratos inteligentes entre pares.

La "nafta" con la que operan estos contratos inteligentes es el "ether", una moneda que no está pensada como reserva de valor, pero que ha desatado una notable especulación en los últimos meses y una gran suba de precio.

Cualquier desarrollador puede crear y publicar aplicaciones distribuidas que realicen contratos inteligentes en la red ETHEREUM.

El Ether, entonces, es la criptomoneda descentralizada subyacente al proyecto Ethereum y que sirve para ejecutar los contratos del mismo.

Actualmente, Ethereum está en proceso de usar una cantidad inicial de fondos (generados mediante la venta de ether) los cuales son sustraídos de los fondos inicialmente reservados para expandir sus operaciones.

Eth Dev (la entidad responsable de sacar a la luz Ethereum 1.0) están centrados en la implementación y la publicación de PoC8, la siguiente versión de Ethereum. Esta versión futura comenzará a ser auditada de manera masiva tanto internamente como externamente por entidades de seguridad informática. Además se implementará un programa para depurar errores en el sistema.

-ETHEREUM Y ETHEREUM CLASSIC-

En Julio del año 2016, la moneda ETHEREUM se bifurcó en dos monedas: ETHEREUM y ETHEREUM CLASSIC.

La bifurcación fue producto de una discusión dentro de la red ETHEREUM que llevó a un descuentro.

Todo comenzó con el Proyecto DAO, una de las iniciativas más innovadoras y ambiciosas de la red ETHEREUM. Consistía –resumidamente- en una plataforma de contratos inteligentes para recolectar inversores y realizar inversiones.

Con una recolección de fondos masiva que superó todos los registros, recibió el apoyo de gran parte de la comunidad de usuarios del sistema.

No obstante, cuando todo iba bien, el DAO fue atacado por un hacker. El atacante se llevaba más de 60 millones de dólares.

Este ataque realizado en la madrugada del 17 de junio de 2016 ha logrado sustraer una cantidad superior a los 3,6 millones de Ethers (ETH) (equivalentes entonces a 60 millones de dólares), los cuales se encontraban almacenados en una cartera que, debido a las reglas previamente establecidas para el DAO y la naturaleza del ataque, no podrían ser retirados.

La situación generó una discusión en la comunidad de ETHEREUM. Si decidían atenerse al contrato inteligente –dejar que se ejecute- el hacker iba a disponer finalmente de sus ETHER. En cambio, si decidían hacer un "Hard Fork" (que todos pasen los ETHERS para que no se cumpla el contrato inteligente) iban a lograr evitar la estafa e impedir que el atacante se lleve sus fondos.

Enterado del plan, el hacker envió un comunicado amenazando legalmente a ETHEREUM. Según su planteo, él se había aprovechado del software pero —como el software el contrato inteligente-, había interpretado que ese desperfecto del software era una cláusula a su favor y la había utilizado. Por lo tanto, debía ejecutarse el contrato y dejarle llevarse el dinero.

No obstante, Vitalik Buterin (el mayor referente de ETHEREUM) instó a todos a realizar un Hard Fork para evitar que el atacante se quede con el dinero. A pesar de eso, una parte minoritaria de los mineros se rebeló y se negó a plegarse a la medida oficial. Según ellos, la fiabilidad del ETHER consiste justamente en que "se cumpla el contrato" pase lo que pase y nada pueda detener la aplicación del software.

Esta división llevó a que se genere una segunda moneda, que llamaron ETHEREUM CLASSIC. Fue una bifurcación, como una parte de la red anterior que no siguió conectada a la red nueva.

Por lo tanto, a partir del HARD FORK, los que tenían la moneda ETHEREUM, pasaron a tener dos monedas: ETHEREUM y ETHEREUM CLASSIC.

ETHEREUM CLASSIC arrancó su cotización en 0.4 centavos de dólar en POLONIEX en el mes de Agosto del año 2016. En Mayo del año 2017 (menos de un año después) llegó a valer 19 dólares por unidad en POLONIEX. Por lo tanto, en unos meses aumentó de precio 40 veces. Bastaba colocar 1000 dólares en ETHEREUM CLASSIC en Agosto de 2016 en Poloniex para tener, en Mayo de 2017, una suma cercana a cuarenta mil dólares.

De su parte, ETHEREUM, la continuación del proyecto, en Agosto de 2016 se compraba a 12 dólares. En Junio de 2017 ronda los 250 dólares.

-RIPPLE -

Ripple es una criptomoneda alternativa basada en la tecnología de Bitcoin, es la tercera moneda digital en capitalización de mercado.

En esta moneda no hay minería, la contribución se basa en potencia de cálculo para el mantenimiento de la red, esta tecnología se inicio en el año 2012, inicialmente se conoció como OpenCoin Inc.

XRP es la abreviatura del proyecto Ripple, y Ripple es el dueño de aproximadamente el 71% de estas monedas lo cual hace que tengan un gran poder para manipular el precio.

Para crear un largo periodo de estabilidad y calmar estas preocupaciones, Ripple anuncio un plan para la venta estructurada y el uso de su moneda. Para finales de 2017, la compañía pondrá 55 mil millones de XRP en garantía y soltará 1 mil millones al mercado al mes. Así mismo, los inversionistas tendrán una idea de lo que viene.

Puesto que solamente un porcentaje muy minúsculo de XRP está realmente en el mercado, el precio es mucho más alto que si todo el XRP fue permitido en el mercado, y así el Market Cap se infla de forma masiva. La verdadera capitalización del mercado de Ripple es inferior a unos pocos millones de dólares.

Además, a diferencia de Bitcoin y de las criptomonedas cuya emisión está descentralizada, en el caso del Ripple todos los XRP fueron creados por Ripple.

Por eso, muchos consideran que Ripple es una pirámide.

-MONERO Y Z-CASH-

Monero y Z-cash son dos criptomendas rivales a BITCOIN que tienen, como principal aporte, garantizar un mayor grado de anonimato de los usuarios y de protección de la privacidad.

Por ello, en la deepweb (o internet profunda) algunas operaciones ya no se hacen más con bitcoins, sino con Monero. Esta moneda digital, al aportar mayor confidencialidad a la operación, vuelve más difícil su rastreo resultando más conveniente para operaciones delictivas.

Bitcoin puede mejorar de muchas formas para evitar estas cosas que rompen su privacidad y fungibilidad (TumbleBit o Mimblewimble por ejemplo), pero pueden demorar.

Zcash materializa, por primera vez, una posibilidad inherente en la tecnología Blockchain que otras criptomonedas no habían desarrollado por completo. La confidencialidad de todos los detalles asociados a una anotación en la blockchain, como la información recogida en la blockchain o la fecha de inscripción de la misma. La única información a la que los usuarios podrán acceder es a la prueba de que la anotación, en la cadena de bloques, ha sido realizada.

Los usuarios de z-cash pueden comprobar que la transferencia ha sido realizada y nada más. Ningún dato adicional de la anotación es revelado.

El protocolo de z-cash especifica que los mineros solo podrán hacerse con el 90% de las monedas porque el 10% restante está destinado a los inversores (1,65%), fundadores y empleados de la compañía (5,72%) e inversiones corporativas (2,65%). Ese 10% de las monedas tendrá que reembolsarse en los 4 primeros años. De esta forma se busca el compromiso de los socios con el proyecto.

ZCASH está basado en BitCoin, esto es, usa su tecnología de base de datos distribuida y su sistema de transacciones, pero, y como añadidura, agrega un mecanismo de transacciones anónimas. Esto es, Zcash puede almacenar y transferir fondos de manera pseudónima (como en bitcoin, en donde las transacciones y billeteras tienen un ID, y que puede ser rastreado si ese ID se asocia a las personas) pero también puede almacenar y transferir dinero de manera anónima.

Monero está basado en otra base de código distinta a BitCoin, y en perspectiva tiene una estretegia simillar a DASH, sus transacciones son pseudonimas ofuscadas (sus transacciones son procesadas de forma deliberadamente compleja para hacer muy dificil asociar transacciones y billeteras)

-V- APENDICE

Los ejemplos dados apenas conforman un ejemplo de lo que pueden ser las inversiones exóticas digitales.

La revolución en internet está cambiando todo muy rápidamente. Vimos caer a empresas de videoclubs muy grandes, arrasadas por Netflix y otros servicios en línea. Pronto –tal vez- veremos caer a varios bancos.

Por lo tanto, cuando los cambios son tan vertiginosas las oportunidades también lo son. De esta manera, personas con muy poco capital – treinta dólares- han comprado un dominio de internet (en los inicios de internet) o han comprado bitcoin (en los inicios de las criptomonedas) y se han hecho inmensamente ricas.

Es solo el principio. Vendrá todavía mucho más. Solamente hay que estar atentos y con la mente abierta a lo nuevo, arriesgar un pequeño capital de riesgo podrá cambiarte la vida para siempre.